LÉGISLATION COMPARÉE

DES

DROITS DU CONJOINT SURVIVANT

PAR

G. BOISSONADE

Professeur agrégé à la Faculté de droit de Paris.

PARIS
ERNEST THORIN, ÉDITEUR
Libraire du Collége de France et de l'Ecole normale supérieure
7, RUE DE MÉDICIS, 7

1873

LÉGISLATION COMPARÉE

DES

DROITS DU CONJOINT SURVIVANT

PAR

G. BOISSONADE

Professeur agrégé à la Faculté de droit de Paris.

Extrait de la *Revue de Législation française et étrangère.*
(N° de juin 1873.)

PARIS
ERNEST THORIN, ÉDITEUR
Libraire du Collége de France et de l'Ecole normale supérieure
7, RUE DE MÉDICIS, 7

1873

DU MÊME AUTEUR :

DE L'EXCEPTION APPORTÉE EN MATIÈRE DE PARTAGE DES SUCCESSIONS, au principe de l'action paulienne ou révocatoire. — (Paris, Cotillon, éditeur, broch. in-8°; 1 fr.)

LE CODE CIVIL ITALIEN ET LE **CODE NAPOLÉON**, à l'occasion du livre de M. Th. Huc. — (Paris, Marescq aîné, br. in-8°; 1 fr. 50.)

DE L'EFFET DES ARRHES DANS LA VENTE, sous Justinien. — (Paris, Durand et Pedone-Lauriel, br. in-8°; 2 fr.)

LES SOCIÉTÉS COOPÉRATIVES ET LE CODE NAPOLÉON. — (Paris, Cotillon, broch. in-8°, épuisé.)

LA RÉSERVE HÉRÉDITAIRE DANS L'INDE ANCIENNE ET MODERNE. — (Paris, Thorin, éditeur, br. in-8°; 2 fr.)

LA RÉSERVE HÉRÉDITAIRE CHEZ LES ATHÉNIENS. — (Paris, Durand et Pedone-Lauriel, br. in-8°.)

EXPLICATION NOUVELLE DE LA THÉORIE DE LA TRANSCRIPTION, au sujet de la mauvaise foi en matière de transcription et d'inscription hypothécaires. — (Paris, Marescq aîné, br. in-8°; 1 fr. 50.)

L'ÉCONOMIE POLITIQUE ET LA JEUNESSE DES ÉCOLES. — Leçon d'ouverture du cours professé à la Faculté de droit en 1871. (Paris, Guillaumin, éditeur, br. in-8°; 1 fr.)

LA FONTAINE ÉCONOMISTE. — Conférence faite à la Faculté de droit en 1872. (Paris, Guillaumin, éditeur, in-12; 50 c.)

LÉGISLATION COMPARÉE

DES

DROITS DU CONJOINT SURVIVANT.[1]

Au moment où l'Assemblée nationale prépare une loi qui doit rendre au conjoint survivant tout ou partie des droits que notre ancienne législation écrite et coutumière lui avait constamment reconnus, et qu'une inadvertance bien connue lui a fait perdre dans notre Code civil, il n'est pas hors de propos de rechercher comment le conjoint survivant est traité dans les principales législations des deux mondes.

C'est, du reste, une œuvre laborieuse et pleine d'incertitudes, à cause de la difficulté de recourir, en France, aux textes officiels du droit civil, pour un grand nombre de pays étrangers (2).

(1) Ce travail est extrait du Mémoire de M. G. Boissonade, récemment couronné par l'Institut (Académie des sciences morales et politiques).

La *Revue* en a déjà donné les Conclusions en forme de Projet de loi précédé de considérations générales, tenant lieu d'Exposé des motifs (v. année 1872, p. 405 et s.).

(2) La Société de législation comparée, fondée à Paris depuis 1869, est destinée à rendre de grands services en ce genre : elle publie chaque année les lois nouvelles les plus importantes, promulguées à l'étranger ; mais elle n'atteindra complétement le but qu'elle se propose qu'en publiant une Notice des lois fondamentales en matière de droit public et de droit privé, avec indication de leurs dates et des Recueils officiels où elles se trouvent. Elle devra ensuite, avec le développement de ses ressources, s'efforcer de constituer une Bibliothèque du droit étranger.

Un premier chapitre sera consacré aux droits de l'époux survivant sur les biens ordinaires du prédécédé; un second, à son droit sur les œuvres littéraires et artistiques de celui-ci.

CHAPITRE PREMIER.

DES DROITS DU CONJOINT SURVIVANT SUR LES BIENS ORDINAIRES.

La première difficulté est ici celle du classement. Deux systèmes se présentent à l'esprit : celui qui grouperait les législations d'après les races ; celui qui les grouperait d'après leur esprit plus ou moins favorable à l'époux survivant.

Le premier présente cet inconvénient que les races sont loin d'être suffisamment distinctes pour qu'il n'y ait pas d'hésitation sur leurs limites ; nous n'avons pas à cet égard les convictions des pangermanistes et des panslavistes. La Suisse, avec son caractère tripartit, français, allemand et italien, suffirait seule à nous créer ici un embarras ; l'Angleterre est, tout à la fois, saxonne, danoise, bretonne et normande.

D'un autre côté, le système qui grouperait les nations d'après leurs dispositions législatives sur notre sujet, présenterait les plus bizarres rapprochements, dus souvent au hasard et non à une véritable communauté de vues.

Dans le doute, et ne pouvant songer à deux autres systèmes qui ne seraient rien moins que scientifiques, celui de l'ordre *géographique*, encore moins celui de l'ordre *alphabétique*, nous suivrons successivement les deux premiers, c'est-à-dire qu'après avoir présenté l'ordre des races, par approximation, nous donnerons un tableau résumé des principales législations, d'après les plus ou moins grandes faveurs qu'elles ont accordées aux époux pour leurs droits de survie.

Nous examinerons d'abord cette partie du droit matrimonial dans les races *latine*, *grecque*, *germanique*, *slave et scandinave*, et, pour ce qui est de la Suisse et de l'Angleterre, à cause de leur nationalité composite, nous leur donnerons une place spéciale.

La Turquie aura aussi une place isolée, mais pour un tout autre motif. Sa législation, comme sa religion, s'est produite et développée sous d'autres influences que celle des divers pays européens.

L'Amérique du Nord présente une certaine unité qui s'éloigne peu, sur notre matière, de la législation anglaise ; nous en détacherons cependant la Louisiane et le Canada, qui, par un souvenir de l'influence française, ont adopté des Codes civils analogues au nôtre.

L'Amérique du Sud nous donnera des législations qui sont une image assez fidèle des législations espagnole et portugaise.

SECTION PREMIÈRE.

RACE LATINE.

Bien qu'un publiciste américain, d'origine germanique, il est vrai, ait récemment contesté qu'il y ait aujourd'hui une race latine, tandis qu'il admet sans difficulté des races slave et germanique (1), nous

(1) *De l'idée de la race latine*, etc., par le Dr Fr. Lieber (*Revue de dr. internat.*, 1871, p. 458 et s.).

persistons à considérer qu'il y a encore une race latine en Europe ; sans doute, les nations qu'il est d'usage de grouper sous ce vocable ont une origine antérieure connue : elles ont été d'abord celtique, ibérique, osque et pélasgique, et antérieurement elles étaient hindoues, et plus loin encore âryennes ; mais, de même que si l'on descendait trop près des temps modernes on serait exposé à multiplier à l'excès les familles et les groupes ethniques, de même, en remontant trop haut, on se rapproche tellement de l'unité de la race indo-européenne que les différences s'effacent.

Nous considérons donc comme offrant une suffisante communauté de race et comme étant de race latine, les nations européennes qui, ayant été le plus longtemps soumises à la domination de Rome, se sont fondues, associées, plus intimement que les autres, sous ce joug mêlé de tant de grandeur et de tyrannie. Ces nations, en effet, ont conservé, après la chute de Rome, une certaine communauté de langue, de mœurs, de tendances que n'ont pas détruites des guerres plus regrettables que toutes les autres, parce qu'elles étaient plus fratricides ; elles devraient enfin (il en est plus que temps), se rapprocher et s'unir fortement, sous la nécessité de se défendre contre leur puissante antagoniste, la race germanique.

Nous présenterons donc ici la législation, en matière de succession conjugale, de l'Italie, de l'Espagne, du Portugal et de la Roumanie (1).

(1) La France ne figure pas ici, ayant été l'objet de la plus grande partie du Mémoire dont il s'agit.

§ 1er. — *Italie.*

Avant que les diverses principautés et couronnes qui se divisaient l'Italie moderne fussent, avec l'aide de la France, réunies sous un seul sceptre, la péninsule présentait diverses législations qui n'étaient pas aussi semblables sur notre sujet qu'on pourrait le supposer. Elles ne sont pas encore assez éloignées de nous pour manquer d'intérêt.

I. Le *Code sarde* ou *Albertin*, de 1837, donnait au conjoint survivant les droits qui suivent : un quart en usufruit en face d'un, deux ou trois enfants légitimes du *de cujus*; l'usufruit d'une part d'enfant, s'il y en avait quatre ou davantage.

Si le défunt ne laissait que d'autres parents légitimes ou des enfants naturels, le conjoint avait un quart en pleine propriété.

Si le conjoint prédécédé était un enfant naturel sans postérité, le survivant prenait les trois quarts en pleine propriété.

A défaut d'aucun successible, le conjoint recueillait la totalité, à l'exclusion du fisc (1).

Deux causes, que nous rencontrerons presque toujours avec le même effet, privaient le conjoint de son droit héréditaire; c'étaient : 1° l'existence d'une séparation de corps prononcée *contre lui* et durant encore au décès; 2° le convol à un nouveau mariage (Code Albertin, art. 956 à 961).

(1) Cette disposition, qui appelle le conjoint avant le fisc, étant commune à toutes les législations étrangères comme à la nôtre, nous ne la mentionnerons plus.

II. Le Code du royaume des *Deux-Siciles*, de 1819, était moins favorable au conjoint survivant : il ne lui accordait qu'une pension alimentaire en face de parents successibles. Cette pension ne pouvait excéder le quart des revenus de la succession, en face de trois enfants ou moins, ni une part virile des revenus, en face de quatre enfants ou plus. Elle n'était due qu'au conjoint pauvre (on reconnaît là l'influence du droit de Justinien (art. 689-690).

Il n'était pas dit que cette pension fût perdue par la séparation ni par le convol. On comprend que le droit à une simple pension alimentaire fût moins facilement perdu qu'un droit de pleine propriété; cependant nous n'affirmons pas que la jurisprudence n'ait point donné à la loi une interprétation plus rigoureuse. Cela a aujourd'hui perdu son intérêt.

III. Dans le duché de *Modène*, dont le code civil était de 1851, le survivant n'avait également droit qu'à une pension alimentaire. Il la perdait en cas de convol (art. 836).

IV. Dans le duché de *Parme et Plaisance*, de 1820, on donnait au conjoint, en l'absence d'enfants, un quart en usufruit à titre de *légitime* (art. 659).

Le conjoint avait droit *ab intestat* à ce quart d'usufruit, en face de tous autres parents. Il avait droit à deux tiers en propriété, si le défunt était un enfant naturel mort sans postérité (art. 652 et 657).

V. Dans le duché de *Toscane*, qui, à défaut de code civil, suivait les lois romaines, le droit canon et les lois ducales, le conjoint pauvre avait droit à l'usufruit du quart de la succession, s'il n'y avait pas d'enfants communs; au cas contraire, l'obligation des enfants garantissait seule l'existence du survivant.

Le conjoint avait droit à toute la succession en pleine propriété, s'il n'y avait pas de successible au dixième degré. Il perdait ce droit en cas de convol (Loi du 18 août 1814).

VI. Les *Etats-Romains* suivaient le dernier état du droit de Justinien.

VII. Voyons maintenant comment le nouveau Code civil du *royaume d'Italie* a réglé les droits du conjoint. Il lui est très-favorable, autant et plus que les anciennes législations italiennes.

Remarquons, d'ailleurs, que la communauté n'y existe qu'en vertu d'une convention spéciale, et que, dans aucun cas, elle ne peut être universelle, si ce n'est pour les acquêts ; cela motivait des droits héréditaires plus étendus.

En face d'enfants légitimes, l'époux survivant a droit à l'usufruit d'une part d'enfant, mais cette portion ne peut jamais excéder le quart.

En face d'ascendants *ou* d'enfants naturels, l'époux a droit à un tiers en pleine propriété ; s'il y a tout à la fois des ascendants *et* des enfants naturels, l'époux n'a droit qu'au quart.

Il a droit aux deux tiers, s'il n'y a que des successibles collatéraux au sixième degré. Il est appelé à la totalité, à l'exclusion des parents du sixième au dixième degré.

Comme tempérament de ces droits qu'on peut trouver excessifs, l'époux est tenu d'imputer sur ses droits héréditaires tout ce qu'il a reçu du défunt, en vertu des conventions matrimoniales et des gains dotaux (art. 753 à 756).

Indépendamment de ces droits *ab intestat*, le survivant a une portion légitime ou *réservée*, en usufruit ;

elle est d'une part d'enfant légitime, en face de successibles de cette qualité; elle ne peut jamais excéder le quart et elle peut y être inférieure; elle est d'un quart en face d'ascendants; elle est du tiers en face de successibles non réservataires eux-mêmes.

Les imputations ordonnées sur la succession *ab intestat*, ont lieu également sur la réserve (art. 812 à 814 et 820).

L'époux *contre* lequel il existe un jugement de séparation de corps perd les droits légaux qui précèdent (art. 156, 757, 812). Cette disposition pénale ne doit pas être étendue au cas de séparation par consentement mutuel, laquelle est permise en Italie avec l'homologation du tribunal (art. 158).

Le convol n'entraîne la perte des droits légaux ou conventionnels que dans un cas, celui où la veuve se remarie avant les dix mois de viduité (art. 57 et 128).

§ 2. — *Espagne.*

L'Espagne prépare depuis longtemps un Code civil, mais les guerres civiles incessantes qui la désolent ont retardé jusqu'ici la réalisation de ce projet; il rencontre, d'ailleurs, des obstacles sérieux dans la force des coutumes locales qui sont si puissantes dans ce pays.

L'ancien Code wisigoth, traduit en castillan, sous le nom de *fuero juzgo*, est resté le fondement du droit civil espagnol. D'après ce Code, l'époux survivant succède à défaut d'héritiers au septième degré; plus tard, le droit des collatéraux a été porté au dixième degré par la législation d'Alphonse le Sage (*las siete partidas*).

Dans la plupart des coutumes, il existe entre époux non nobles une communauté d'acquêts, dont le partage corrige la rareté du droit héréditaire.

Les nobles font à leur femme, au moment du mariage, une donation du dixième de leurs biens; c'est un souvenir du *morgengabe* germanique. Dans les coutumes qui n'admettent pas la communauté d'acquêts, la femme a des droits de viduité assez considérables, mais elle les perd en se remariant (1).

Dans tous les cas, le conjoint pauvre a une pension alimentaire du quart des revenus, même en face des enfants (2).

Une loi du 16 mai 1835 a porté le droit du survivant à l'usufruit des biens patrimoniaux et à la propriété des autres biens, quand il n'y a pas d'héritiers au quatrième degré.

La législation espagnole a servi de base à celle d'une partie de l'Amérique du Sud, notamment au Bas-Pérou, et elle a laissé de fortes traces dans le nouveau code du Haut-Pérou, la Bolivie (v. *infrà*).

§ 3. — *Portugal.*

Le Portugal n'avait pas de législation civile codifiée, jusqu'en 1868. Auparavant, un éminent jurisconsulte portugais, M. Lévy Maria Jordâo, avait donné une savante étude sur le régime de la communauté et des successions entre époux, en Portugal (3).

(1) V. Bergson, *Aperçu hist. sur les origines du droit civil de l'Europe*, I, § 1er.

(2) *Las siete partidas* del rey Alfonso el sabio, part. VI, tit. 13, § 7, Paris, 1846, 2 vol. gr. in-8°).

(3) *Revue historiq. de dr. fr. et étr.*, t. IV, p. 132 et s.

Les droits héréditaires des époux y étaient moins étendus que dans les autres pays méridionaux. Cela tenait à ce que le régime matrimonial de droit commun leur était plus favorable. Sous une influence que M. Jordâo n'hésitait pas à croire germanique, la communauté légale entre époux était *universelle*, au moins dans les classes moyennes ou pauvres.

On conçoit que dans les mariages en communauté universelle, le survivant prenant la moitié des biens, il n'y ait pas eu lieu, pour le législateur portugais, de se préoccuper d'assurer autrement son existence.

En dehors de ce droit à la moitié des biens communs, le conjoint survivant n'héritait du défunt qu'à défaut de parents au dixième degré. Il était même exclu par le fisc, si, au moment du décès du prémourant, il n'y avait plus entre les époux *communauté d'habitation*, ce qui ne supposait même pas une séparation judiciaire et régulière, mais une séparation de fait, pourvu qu'elle eût été volontaire et non accidentelle.

Les nobles suivaient un régime dotal plus ou moins semblable au régime romain ; en même temps, l'institution des majorats et des substitutions contribuait encore à écarter pour eux l'idée de la communauté.

Dans les familles nobles où la communauté universelle n'était pas en usage, on y avait pourvu autrement : la veuve avait un *Morgengabe* ou *chambre close* (*camera cerrada*) (1), et, en outre, un *apanage* d'un

(1) M. Jordâo a donné encore un excellent article sur le *Morgengabe* portugais, et il a expliqué, d'une façon aussi érudite qu'ingénieuse, que la *camera cerrada* n'était autre chose que l'ancien *Morgengabe* d'origine germanique (*Revue hist.*, t. V, p. 101 et s.).

dixième liquide du revenu de la succession du mari.

Cette ancienne législation du Portugal a été importée au Brésil avec la domination lusitanienne, et nous nous croirons dispensé d'y revenir pour cette partie de l'Amérique du Sud.

Dans le nouveau Code civil de 1868, la communauté n'est plus aussi étendue qu'autrefois (art. 1108 et s.). On n'y distingue plus les nobles et les non-nobles. Les substitutions sont prohibées, sauf deux exceptions (art. 1867). L'époux survivant succède à défaut de descendants, d'ascendants et de germains : il prime les autres collatéraux; il n'est déchu de ce droit que par la séparation de corps prononcée en justice contre lui (art. 2003).

§ 4. — *Roumanie.*

L'intéressante principauté de Moldo-Valachie ou Romanie, fait de louables efforts pour conquérir un rang de quelque importance parmi les nations secondaires de l'Europe. En 1864, elle s'est donné un Code civil, en suivant le nôtre pas à pas.

Nous en noterons seulement deux dispositions particulières :

1° La femme survivante, si elle est pauvre, prend, dans la succession de son mari, en face de descendants, une part d'enfant, au *maximum* d'un tiers, et, en face d'ascendants ou de collatéraux, un quart en pleine propriété (art. 684) ; tandis que le mari survivant ne vient à la succession de sa femme qu'à défaut de tous parents successibles et d'enfants naturels (art. 679) ;

2° Les époux peuvent se donner, entre-vifs ou par

testament, autant que des étrangers, à moins qu'il n'y ait des enfants d'un premier lit, auquel cas le nouvel époux est réduit à une part d'enfant (art. 939).

SECTION II.

RACE GRECQUE.

Sous cette division, nous ne pouvons placer que la Grèce proprement dite et les Iles Ioniennes.

§ 1er. — *Grèce.*

La Grèce poursuit, depuis de longues années, la préparation d'un code civil; nous n'en connaissons encore que la première partie, relative aux personnes. On nous affirme que ce code, entièrement rédigé, est en ce moment soumis aux tribunaux supérieurs et ne tardera pas à être discuté.

Jusqu'ici on a suivi en Grèce le *Manuel* d'Harménopule (πρόχειρον νομῶν) œuvre d'un jurisconsulte du quatorzième siècle, jouissant d'une autorité presque législative. Les lois romaines sont restées le fond de cette législation.

Le régime nuptial est celui de la dot romaine et de la donation *à cause de noces.*

On peut regretter que le droit de succession n'y soit que celui de la Novelle 118, et que l'époux ne vienne qu'au quatrième et dernier rang, c'est-à-dire après tous les parents successibles; mais on y supplée par des donations et par des dispositions testamentaires.

§ 2. — *Iles Ioniennes.*

Le code civil des Iles Ioniennes est de 1841 ; il diffère assez peu du nôtre. Cependant, le régime dotal y est seul organisé. En l'absence de communauté partageable, on peut trouver la position des époux plus mauvaise que chez nous, car l'article 655 y reproduit notre malheureux article 767. Il y a cependant une quarte du conjoint pauvre, en revenus, même en face d'enfants (art. 661, 662).

SECTION III.

RACE GERMANIQUE.

Le grand et regrettable événement qui, en 1866, détruisit l'équilibre européen, supprima la confédération germanique, donna à la Prusse une si menaçante prépondérance en Allemagne et prépara tant de maux pour la France, a nécessairement changé et changera encore davantage, dans un temps plus ou moins prochain, la législation de l'Allemagne.

En attendant qu'une législation civile uniforme achève la fusion politique commencée par les armes et continuée par l'administration, nous examinerons ici séparément : 1° Le droit commun allemand ; 2° le droit de la Prusse et celui des Etats confédérés ; 3° le droit hollandais ; 4° le droit autrichien.

§ 1er. — *Droit commun allemand.*

Le droit commun allemand n'est pas un droit promulgué : c'est un grand ouvrage de doctrine due aux travaux de Savigny, Thibaut, Mittermaier, Eichhorn, Gerber, Bluntschli, Beseler; il est tiré des plus anciens monuments du droit germanique, des *Sachsenspiegel*, *Schwabenspiegel* et *Kaiserrecht*, des coutumes et statuts des grandes villes d'Allemagne, du droit canon et du droit romain, et il sert de complément ou d'interprétation aux législations particulières des Etats allemands.

Pour ce qui concerne notre sujet, on y trouve d'abord deux dispositions qui ont une origine évidemment romaine : le droit de succession entre époux, à défaut seulement de parents successibles, et la portion virile en usufruit, au maximum d'un quart si la veuve est pauvre.

Mais une disposition d'origine toute germanique, que nous avons déjà rencontrée dans le nouveau code civil italien, c'est une *portion statutaire* établie par la généralité des coutumes et qui ne peut être enlevée à la veuve : c'est une véritable *légitime* ou *réserve* ; elle est tantôt en usufruit, tantôt en propriété, suivant la qualité des parents et les statuts locaux. Le droit commun se borne à la reconnaître en principe (1).

§ 2. — *Etats confédérés.*

I. *Prusse.* — Le code général de Prusse (*Landrecht*) est de 1794. On sait qu'il contient, non-seulement la législation civile, mais toutes les branches de la législation publique et privée. Il n'exclut pas, en général, les statuts locaux.

La communauté n'est admise par le code prussien

(1) V. *Concordance*, par A. de Saint-Joseph, 2e édit., t. I, p. 71.

qu'autant que les statuts locaux n'y dérogent pas. La communauté comprend presque tous les biens présents et à venir des époux.

S'il n'y a pas eu communauté, chaque époux (ou ses héritiers) reprend ses apports mobiliers ou immobiliers, en nature ou en valeur, suivant les cas, et l'on arrive ainsi à dégager la fortune propre de l'époux prédécédé.

Alors, après le paiement des dettes de cet époux, l'actif net est partagé entre ses héritiers et l'époux survivant. Si les héritiers sont des descendants, l'époux survivant a le quart; si les héritiers sont des ascendants, des frères ou sœurs ou descendants de ceux-ci au premier degré, l'époux prend un tiers; si ce sont des collatéraux plus éloignés, l'époux a la moitié, plus les meubles meublants. En outre, la femme a droit, le plus souvent, soit à un don nuptial (*Morgengabe*), soit à un don en usufruit ou *douaire*.

Le mari peut avoir reçu de sa femme un *legs de mariage* ou avoir fait avec elle un *contrat d'héritage*.

S'il y a eu communauté entre les époux, le survivant, en face d'enfants, n'a droit qu'à sa moitié de communauté; mais s'il n'y a pas d'enfants, il aura, sur l'autre moitié, outre les portions précédemment fixées, l'usufruit de la portion qu'il ne recueille pas.

Dans l'un et l'autre cas, c'est-à-dire qu'il y ait communauté ou non, l'époux survivant a une réserve montant à la moitié des droits légaux qui précèdent (1).

II. *Grand-duché de Bade.* — D'après les articles 738 et 745 du code civil badois, l'époux survivant, s'il

(1) Landrecht, part. II, tit. 1er, art. 623.

est commun en biens et s'il n'y a pas d'enfants, a, pendant sa vie, l'usufruit des biens de l'autre époux, à moins de convention contraire, et un douaire préfix est considéré comme une convention dérogatoire au droit commun. L'époux succède, même dans le cas de communauté, aux ascendants de son époux ; mais seulement à un quart en usufruit, et cela concurremment avec les frères et sœurs de son conjoint.

La loi ne dit pas quel sera le droit du survivant vis-à-vis de la succession du prédécédé, quand celui-ci laisse des descendants. Nous pensons que c'est le cas d'appliquer le droit commun allemand, qui est très-favorable au survivant.

III. *Wurtemberg.* — D'après la loi sur les *Mariages* de 1687, l'époux survivant, commun en biens, a droit à un préciput, outre sa moitié de communauté ; ce préciput consiste dans les objets à l'usage personnel du survivant. En outre, il a droit sur la succession du prédécédé à une portion dite *statutaire* qui consiste dans une part d'enfant, au maximum du tiers, s'il y a des descendants, et dans la moitié en face d'autres parents jusqu'au dixième degré.

Le tiers de cette portion statutaire est *réservé* contre les dispositions testamentaires.

Mais l'époux perd toute la portion statutaire, s'il renonce à la communauté et s'il avait fait avec le prédécédé un *pacte de succession.* Même déchéance s'il y a eu divorce. La séparation de corps ne produirait pas le même effet, non plus qu'un second mariage (art. 72 à 80, 126 et 128).

IV. *Saxe et Saxe-Weimar.* — Dans l'ancien royaume de Saxe, le droit de succession est réglé par une loi du 31 janvier 1829.

Le droit du conjoint survivant y est très-favorable, en même temps que très-simple. Il est du quart en propriété, en face de descendants; du tiers, en face d'ascendants ou de frères, sœurs et descendant d'eux; de la moitié, en face de collatéraux jusqu'au sixième degré; de la totalité, au delà de ce degré.

Cette portion, déjà énorme, est *réservée*. Cependant le survivant peut en être dépouillé pour indignité ou par exhérédation justement motivée; enfin, il en est privé par la séparation de corps prononcée *contre* lui (Art. 124 et 125).

Dans l'ancienne principauté de Saxe-Weimar, la loi des successions est du 6 avril 1833.

Les peines des secondes noces, conservées jusque-là du droit romain, sont désormais abolies.

Le droit du conjoint est d'une part d'enfant, en face de descendants; de la moitié, en face d'ascendants et de frères ou sœurs; de la totalité, en face de collatéraux. On voit que le survivant est encore mieux traité que dans le royaume de Saxe.

La réserve est de la moitié de la portion héréditaire (art. 56-58, 81-82).

V. *Brunswick.* — Dans ce duché, l'époux survivant prend une part d'enfant, en face de descendants; la moitié, en face d'ascendants; il a la totalité, en face de collatéraux, même à l'exclusion des frères et sœurs. Il n'encourt aucune déchéance pour un second mariage; mais il n'a pas de portion légitime : un testament peut le dépouiller en entier (1).

VI. *Francfort.* — Le survivant a une portion statutaire réservée en entier : S'il y a des enfants du ma-

(1) *Concordance*, II, p. 132-133.

riage, elle est de la moitié des meubles en propriété, et de l'usufruit de la moitié des immeubles et acquêts recueillis par les enfants ; s'il y a des enfants d'un précédent lit, l'époux est réduit à une part d'enfant. S'il n'y a pas d'enfants, l'époux a la propriété de tous les meubles et la moitié des acquêts du prédécédé, ainsi que l'usufruit de ses immeubles (1).

VII. *Hambourg.* — D'après les statuts de cette ville, remontant à 1605, les droits des époux sont réglés inégalement entre le mari et la femme : Si le mari survit à la femme, il a les deux tiers de sa succession, même en face d'enfants ; si c'est la femme qui survit, elle n'a que la moitié.

Le survivant n'est pas tenu au partage avec les enfants communs, tant qu'il ne se remarie pas ; il n'est tenu que de leur donner des aliments et de les doter (2).

VIII. *Hanovre.* — Le régime dotal du droit romain y est encore applicable. Le mari a la moitié de la dot comme droit de survie ; la femme a un *morgengabe* et un douaire égal à sa dot. Dans quelques villes, il y a communauté universelle (3).

IX. *Bavière.* — Le *Codex civilis Maximilianus*, de 1756, est la partie de la législation générale de Bavière qui traite des successions. Il entre dans des distinctions assez minutieuses sur les droits de reprise et de survie du mari et de la femme.

S'il y a des enfants, la femme survivante reprend : sa dot, le don de noces, une part d'enfant dans les

(1) V. *Concordance*, II, 203-204.
(2) Statuts de Hambourg, 3e part., tit. 3, art. 1-8.
(3) V. *Concordance*, II, p. 346.

acquêts et le mobilier, une contre-dot égale à la dot; le mari survivant, après avoir rendu aux enfants la fortune propre de leur mère et le don de noces, garde tous les acquêts faits pendant le mariage.

S'il n'y a pas d'enfants, les droits du survivant sont moindres : il restitue aux héritiers tous les apports du prédécédé, plus la nue-propriété de la moitié des acquêts; il ne garde que l'usufruit de cette moitié (1).

§ 3. — *Hollande.*

Dans le Code civil néerlandais, de 1838, le régime légal est la communauté universelle (art. 174).

Les époux peuvent se donner l'un à l'autre autant que des étrangers (art. 223 et 966). A raison de cette communauté, l'époux ne succède à la part de son conjoint qu'à défaut de parents légitimes au degré successible, mais il prime les enfants naturels (art. 920).

§ 4. — *Autriche.*

Le Code civil autrichien, promulgué en 1815, ne s'appliqua pas d'abord à la Hongrie, à la Croatie, à la Transylvanie; mais depuis 1853, il régit même ces contrées.

S'il y a des enfants, le survivant n'a que l'usufruit d'une part d'enfant, au maximum d'un quart. S'il ne reste pas d'enfants, il a un quart en toute propriété.

L'époux *contre* lequel a été prononcée la séparation perd son droit à la succession de l'autre (articles 757-759).

L'époux n'a pas de portion réservée (art. 796).

(1) *Codex Maximilianus*, liv. III, ch. IV, art. 35.

La communauté n'a pas lieu de plein droit (1233).

La femme a un douaire pour son entretien, tant qu'elle ne se remarie pas (art. 1242-1244).

Les époux peuvent se donner, par un pacte de succession, tout ou partie de leur fortune (art. 1249). Dans ce cas, il se fait confusion avec le droit successoral que l'époux tient de la loi (art. 1258).

SECTION IV.

RACE SLAVE.

Nous placerons dans cette section : la Russie, la Pologne et la Serbie.

§ 1er. — *Russie.*

La législation russe présente la plus considérable des codifications connues. Le *Svod* ou Digeste des lois russes, commencé en 1649, comprenait déjà, en 1842, 15 volumes in-4°, contenant plus de 35,000 ukases, et plus de 60,000 articles ; depuis lors, il y a été ajouté 16 volumes. Le classement y est méthodique et n'est pas simplement l'ordre chronologique, comme dans notre *Bulletin des lois*.

La partie concernant les lois civiles forme le tome X de la première compilation, sous le nom de Digeste des lois civiles et de la procédure civile, avec 2,024 articles pour le fond du droit, et plus de 2,000 pour la procédure, en tout, 4,105 articles.

La communauté de biens n'existe pas entre les époux : chacun d'eux conserve la propriété des biens qu'il avait avant le mariage, et de ceux qu'il a acquis depuis (art. 111).

Les donations de biens patrimoniaux, entre les époux, ne sont valables que pour l'usufruit, et encore avec l'approbation impériale (art. 118, et ukase du 20 décembre 1843). Il n'y a pas là de rigueur particulière, car les biens patrimoniaux ne peuvent pas, en général, être donnés gratuitement à d'autres qu'aux plus proches parents (art. 793 et 802) ; même disposition pour les testaments (art. 889).

Ab intestat, la veuve reçoit un septième des immeubles du mari et un quart des meubles, qu'il y ait ou non des enfants ; cette portion est une réserve sur les biens *patrimoniaux :* elle ne peut être enlevée à la femme par des donations ou des legs faits à des étrangers, que pour les biens *acquis* (art. 967).

La femme succède aussi à son beau-père, en cas de prédécès du mari, *proportionnellement à la part* qui reviendrait au mari (art. 968) ; ce qui nous semble signifier, non pas qu'elle exerce les droits même du mari, mais qu'elle aura le septième des immeubles et le quart des meubles qui reviendraient à son mari s'il vivait. Cette faveur rétablit en faveur de la femme la situation qu'elle aurait eue si l'ordre naturel des décès n'avait pas été interverti entre le mari et son père.

Le mari succède à sa femme et au père de celle-ci, d'après les mêmes principes et pour les mêmes quotités que la femme au mari (art. 972).

Il y a des *gouvernements* qui ont des statuts particuliers : Ceux de Tchernigoff et de Pultawa, notamment, entrent dans des détails très-circonstanciés pour le cas des seconds mariages (art. 794 et 974).

Les époux mahométans, sujets russes, suivent aussi un droit particulier : toutes les femmes légitimes ont, à elles toutes, le huitième des biens, meubles et immeubles, s'il y a des enfants, et le quart, s'il n'y en a pas. Elles partagent entre elles par tête (art. 978). (*V. infrà*, Turquie).

§ 2. — *Pologne.*

La Pologne prussienne et la Pologne autrichienne sont soumises aux lois civiles de Prusse et d'Autriche (V. *suprà*).

La Pologne russe, l'ancien duché de Varsovie jouissait, jusqu'aux événements de 1863, d'une législation particulière qui était, en grande partie, le Code civil français; nous croyons que depuis le dernier effort de la Pologne, après le joug de fer qui lui a été imposé, et la suppression de toutes les institutions nationales qui lui restaient, ses lois civiles aussi lui ont été enlevées. Quand la langue nationale est proscrite, quand les populations même sont transportées hors de leur pays, il est d'une vraisemblance douloureuse que la législation nationale aussi est abolie.

Quoi qu'il en soit, nous n'en donnons pas moins ici le droit matrimonial de la Pologne : ce sera encore une protestation contre les violences et les abominations dont est victime ce malheureux pays, auquel tant de liens nous rattachent en France, et pour lequel nous n'avons su avoir, le plus souvent, qu'une stérile et presque funeste sympathie. Des changements législatifs avaient été apportés au Code civil, en 1818, 1825 et 1836, mais les dispositions concernant les conventions matrimoniales et les successions en Pologne sont justement celles où l'on n'avait apporté aucun changement.

La communauté entre époux n'a lieu que si elle est stipulée; autrement, les époux conservent chacun leurs biens propres. Mais la communauté stipulée comprend tous les biens présents et futurs, meubles et immeubles, si aucune restriction n'y est apportée. A la dissolution de cette communauté, le survivant des époux et les héritiers du prédécédé prennent chacun une moitié (art. 226-227).

Les droits du survivant sur les biens de l'autre époux, qu'il y ait communauté ou non, peuvent être réglés par des conventions anté-nuptiales. A défaut de convention, s'il y a des enfants, le survivant a l'usufruit d'une part d'enfant; à défaut d'enfants et en face d'ascendants ou de collatéraux au quatrième degré, le survivant a un quart en pleine propriété; au delà de ce degré, il a la moitié; à défaut de parents successibles, il a la totalité (art. 231-233).

La moitié des droits légaux du conjoint est *réservée* contre toute disposition gratuite (art. 235).

§ 3. — *Serbie.*

Le Code civil serbe, donné par le prince Karageorgewicz, est de 1844.

La communauté n'a lieu qu'en vertu d'une convention, et encore elle n'est pas valable au cas de faillite du mari (art. 786).

Un douaire peut être accordé à la femme survivante, soit par testament, soit par contrat de mariage. Elle le perd par le convol (art. 774-775).

A défaut de dispositions de l'homme, la veuve, non remariée, a l'usufruit de tous les biens du mari, concurremment avec les héritiers de celui-ci; si le partage est demandé par les uns ou les autres, son droit est réglé à la moitié de l'usufruit total (art. 413-415).

Le mari, moins favorisé que la femme, ne lui succède qu'à défaut de tout successeur légitime (article 416).

SECTION V.

RACE SCANDINAVE.

Quoique les Scandinaves soient considérés comme ayant des affinités considérables d'origine avec la race germanique, ils en sont maintenant si profondément séparées de langage, de mœurs et d'intérêts, qu'il est désormais admis qu'ils constituent une race différente.

Nous parlerons seulement du Danemark, de la Suède et de la Norwége; nous négligerons l'Islande, tout isolée du monde européen, et dont la très-ancienne législation, la *Gragàs* (*Codex vetus*) et les lois de Magnus le *Réformateur*, ont un intérêt plutôt historique que de droit comparé.

§ 1er. — *Danemark.*

La législation civile danoise a été souvent modifiée, à cause des réunion et séparation successives des deux couronnes danoise et norwégienne; la substance de cette législation très-compliquée a été donnée par Ant. de Saint-Joseph (1); c'est à lui que nous

(1) *Concordance*, t. II, p. 135 et s.

empruntons les dispositions du droit matrimonial et successoral des époux.

La communauté de biens existe entre les époux, à moins de disposition contraire (*op. cit.*, n° 337). A la mort de l'un des époux, le partage se fait d'abord par moitié entre le survivant et les héritiers du prédécédé ; le survivant a, en outre, la propriété d'une part égale à celle de chaque enfant, sans qu'elle puisse excéder le quart de la succession ; si les héritiers sont autres que des enfants, il reçoit un tiers (*Ibid.*, n°s 228-230).

Tous les droits légaux qui précèdent sont *réservés* et ne peuvent être diminués qu'avec le consentement exprès de l'époux qui en souffrirait (n° 263).

§ 2. — *Suède.*

Le code civil suédois est de 1734; on a constaté qu'il diffère peu des plus anciennes législations du pays. La fixité dans les mœurs et les institutions est un des caractères les plus saillants de cette nation que son éloignement de l'Europe centrale a préservée des bouleversements qui ont si souvent renouvelé la face de notre monde européen.

La législation suédoise est donnée avec toutes les garanties d'exactitude par Ant. de Saint-Joseph (t. IV); nous lui empruntons ce qui concerne les époux.

La femme a, pour le cas de survie, un don du lendemain (*Morgengæfva*) fixé par les conventions matrimoniales : ce don ne peut excéder l'usufruit du tiers des biens immeubles du mari. S'il consiste en meubles, il peut aller, en propriété, jusqu'à la valeur du dixième de tous les biens du mari. S'il n'y a pas eu de convention sur le don du lendemain ; il est fixé, par la loi, à la moitié des droits qui précèdent (tit. I, ch. IX, art. 2 à 7).

Il y a communauté entre les époux : pour les meubles acquis avant ou pendant le mariage, pour les immeubles acquis dans les villes, avant ou pendant le mariage, enfin, pour les immeubles acquis à la campagne, pendant le mariage seulement. Ceux possédés à la campagne avant le mariage sont propres. Le partage s'en fait par moitié, au décès du prémourant (ch. X, art. 1-3).

Le survivant a droit à un préciput d'un vingtième sur les meubles (ch. XVII).

Il n'y a pas d'autre droit *ab intestat* pour les époux en concours avec les parents. Mais nous pensons que le conjoint exclut au moins le fisc.

§ 3. — *Norwége.*

La législation norwégienne n'a pas encore été refondue. La substance du droit civil se trouve donnée dans l'ouvrage de Saint-Joseph, sous le patronage de jurisconsultes du pays (t. III, p. 4 et s.).

Le régime de droit commun est la communauté universelle (n°s 215 et 218).

A la mort de l'un d'eux, le survivant prend, outre sa moitié des biens communs, une part d'enfant mâle dans l'autre moité. A défaut d'enfants, il prend, à son choix, ou la moitié de la succession du prédécédé (qui est elle-même la moitié de la communauté), ou le quart des *apports* de cet époux dans cette communauté (n°s 131-132).

Les époux ont une liberté plus ou moins grande

de se faire des dons et legs pendant le mariage, suivant qu'il y a des enfants ou non (nos 167-168).

SECTION VI.

ANGLETERRE.

On sait que l'Angleterre met une sorte d'amour-propre à ne pas codifier ses lois, pas plus ses lois civiles que ses lois politiques. Il en résulte un chaos pour les étrangers, et, pour les nationaux, un dédale où les plus habiles praticiens avouent eux-mêmes s'égarer quelquefois.

Nous trouvons, dans l'ouvrage d'A. de Saint-Joseph, un résumé du droit civil auquel la révision du savant Blaxland donne pour nous une complète autorité (v. t. II, p. 206 et s.).

Ce travail ne donne pas le droit de toute la Grande-Bretagne, mais seulement celui de l'Angleterre et de l'Irlande; quant à l'Ecosse, elle suit un mélange encore plus gênant du droit féodal pour les successions, et du droit romain pour la dot et les conventions matrimoniales.

Dans le droit anglais, il n'est pas question de communauté de biens entre les époux. Par le mariage, et à défaut de stipulations particulières, la femme apporte à son mari l'usufruit de tous ses biens *réels* ou immobiliers et la propriété de ses biens *personnels*, c'est-à-dire de ses meubles (*op. cit.*, nos 145, 695 et 700).

La femme acquiert, pour le cas de sa survie, un douaire sur les biens du mari. Ce douaire consiste dans la jouissance viagère du tiers des immeubles de son mari, et, en outre, de la propriété du tiers de ses meubles, s'il laisse des enfants, et de la moitié s'il laisse d'autres parents (n° 445).

La femme peut renoncer à son douaire avec le consentement de ses parents, mais sous la condition qu'une pension fixe lui est assurée (n° 714).

Les époux peuvent faire, en général, toutes autres conventions matrimoniales restrictives ou extensives. Ils peuvent aussi se faire des dons et legs avec une grande latitude, sous le contrôle des cours d'équité (n° 568-571).

SECTION VII.

SUISSE.

La Suisse, avec ses vingt-deux cantons si différents de mœurs, d'origine et de langage, tend, de plus en plus, au régime de centralisation politique, administrative et civile. Pendant que, chez nous, ce système a de si nombreux adversaires, il se développe davantage dans les pays ou le fédéralisme dominait jusqu'ici.

Nous séparerons autant que possible les cantons dits français, allemands et italiens.

§ 1er. — *Cantons français.*

I. Dans le canton de *Vaud*, il y a un code civil depuis 1819. La communauté d'acquêts y est seule usitée, et encore n'est-ce qu'en vertu des conventions particulières. Outre le droit du survivant à la moitié de cette communauté, il est d'usage de convenir de dons de survie. Pour la femme, il s'appelle *augment* de dot; il est, en général, du quart de la dot. Il est réservé aux enfants du mariage. Les dons de survie ne peuvent excéder le quart des biens du donateur (art. 1076 et s.).

A défaut de conventions ou testament, le survivant a droit à l'usufruit de tous les biens recueillis par les enfants; toutefois, cet usufruit est réduit à la moitié, lors de la majorité ou du mariage desdits enfants; s'il n'y a pas d'enfants, le survivant a la propriété du quart des biens du prédécédé, en face des père, mère, frères ou sœurs, neveux et nièces, et de la moitié en face de tous autres successibles (art. 541-545).

II. Le Code civil de *Berne* est de 1824-1827.

La fortune des époux reste séparée. La femme a, en général, un don de survie (*morgengabe*).

Le droit de succession *ab intestat* est très-favorable : l'époux est héritier *à réserve*, conjointement avec les enfants du défunt. S'il n'y a pas d'enfants, il est seul héritier. S'il y a des enfants communs, le mari survivant gagne tous les apports de la femme (art. 88 et 519) ; la femme survivante prend une part d'enfant (art. 523). S'il y a des enfants de précédents lits, le mari survivant prend la portion que sa femme a eu dans le partage fait avec les enfants du précédent lit; la femme prend encore une part d'enfant (art. 516 et s.).

L'époux qui se remarie doit rendre aux enfants la moitié des biens qu'il a ainsi recueillis (art. 160).

III. Le canton de *Genève* suit en ces matières les dispositions même du Code civil français.

IV. Le code civil du *Valais*, de 1853, diffère peu, en notre matière, du Code français.

La communauté d'acquêts y est le droit commun (art. 1286).

Ab intestat, le survivant a l'usufruit de tous les biens du défunt, s'il n'y a pas d'enfants, et de la moitié, au cas contraire (art. 793).

Ce droit d'usufruit est *réservé* pour la moitié (art. 796).

Il est réduit de droit à cette moitié au cas de nouveau mariage (art. 794).

V. Le code civil de *Neufchâtel* est de 1854; il est en grande partie semblable au nôtre, cependant la communauté universelle y est le droit commun (art. 1151).

Outre la moitié de la masse commune, l'époux survivant a un gain de survie, à défaut de convention spéciale; il consiste, s'il n'y a pas de postérité légitime, dans la moitié des meubles du prédécédé en propriété, plus l'usufruit de tous les biens immeubles; s'il y a des enfants légitimes, ce droit est réduit de moitié (art. 1204-1206).

Les donations peuvent atteindre, au profit de l'époux, survivant ou non, la portion disponible établie pour les étrangers, laquelle est toujours d'une moitié, quel que soit le nombre des enfants (art. 649 et 704). Mais si le donateur a des enfants d'un premier lit, il ne peut donner que la moitié de cette quotité (*ibid.*).

Le droit héréditaire *ab intestat*, après ces dispositions, a pu être laissé tel qu'il est dans notre Code civil (art. 626).

VI. Le code civil de *Fribourg* est de 1834-1849.

La communauté, même des acquêts, n'existe pas de plein droit entre les époux; le régime dotal mitigé est le droit commun. Il peut y avoir un don de survie fixé par contrat de mariage, et dont la propriété est réservée aux enfants (art. 117 à 121).

Les époux peuvent aussi se donner par contrat de mariage, avec ou sans condition de survie, le quart de leurs biens, en propriété, s'il y a des enfants du mariage, plus l'usufruit de tout le reste, s'il n'y a pas d'enfants communs (art. 123).

L'époux qui a des enfants d'un premier lit ne peut rien donner à son conjoint par contrat de mariage (art. 124).

En aucun cas, les époux ne peuvent se faire de donations pendant le mariage (art. 1371). On ne trouve pas une semblable prohibition pour le testament entre époux.

Ab intestat, le conjoint ne succède que comme dans notre Code civil (art. 741 et 746).

§ 2. — *Cantons italiens.*

I. Le Code civil du *Tessin* est de 1837.

Il admet le régime dotal comme droit commun. En cas de survie du mari, celui-ci garde la propriété de la dot, s'il n'y a des enfants d'aucun mariage de la femme. S'il y a des enfants communs, le mari n'a que l'usufruit de la dot; si enfin la femme laisse des enfants d'un premier lit, il n'a que l'usufruit d'une part d'enfant (art. 690).

Si c'est la femme qui survit, elle reprend sa dot, plus une contre-dot égale à la moitié de cette dot, en propriété, s'il n'y a pas d'enfants, et en usufruit, au cas contraire (art. 691).

A défaut de conventions matrimoniales et de constitution de dot, l'époux survivant a l'usufruit du quart des biens du prédécédé, s'il n'y a pas d'enfants; autrement il n'a que l'usufruit d'une part d'enfant (art. 692).

Les époux ne peuvent se donner pendant le mariage; les donations faites par contrat de mariage, même de biens présents, sont toujours présumées faites sous la condition de survie du donataire (art. 998 et 1000).

Le conjoint succède *ab intestat*, pour un quart, après les descendants, les ascendants, frères et sœurs ou descendants d'eux (art. 457).

II. Dans le canton des *Grisons*, il n'y a pas de Code civil. Mais il y a des lois de 1850 sur les successions, les testaments et les droits respectifs des époux. Elles sont données par l'ouvrage d'A. de Saint-Joseph (t. IV, p. 203 et s.).

Le régime légal n'est pas non plus le régime de communauté, mais un régime dotal mitigé.

Le survivant a l'usufruit des deux tiers des biens du prédécédé, s'il n'y a pas de descendants, et du tiers dans le cas contraire. Cet usufruit cesse au cas de second mariage.

Les époux peuvent se faire des libéralités testamentaires (mais non des donations entre-vifs) comme les étrangers, et même ils peuvent y faire entrer l'usufruit de la réserve des héritiers, à la charge de pourvoir à leurs besoins (*op. cit.*, p. 207).

S'il y a un legs en faveur du survivant, celui-ci doit choisir entre le legs et l'usufruit accordé par la loi; c'est un souvenir de l'édit *de alterutro* (*op. cit.*, p. 209).

S'il y a eu entre les époux une communauté conventionnelle, chaque époux, lors de la dissolution, reprend ses apports, et les bénéfices sont partagés inégalement : le mari ou ses héritiers ont les deux tiers, la femme ou ses héritiers n'ont qu'un tiers (*op. cit.*, p. 208).

Le droit du survivant étant ainsi réglé, il n'était plus possible de revenir à lui pour la succession *ab intestat*, d'autant que, dans ce canton, tous les parents sont successibles indéfiniment (*op. cit.*, p. 205).

§ 3. — *Cantons allemands.*

I. Les lois civiles d'*Appenzell* sont de 1844.

Les tribunaux exercent une sorte de tutelle sur les époux : leur contrat de mariage, leurs donations entre-vifs ne sont valables que sous l'approbation judiciaire.

Les époux ont une *réserve* d'un cinquième des biens, à défaut d'enfants (*op. cit.*, t. III, p. 546).

S'il y a des enfants, l'époux survivant (mari ou femme) a un douaire réglé par le contrat de mariage.

S'il n'a pas été fixé de douaire, le survivant a une part d'enfant dont la moitié lui reste en pleine propriété et dont l'autre moitié est un douaire viager. S'il n'y a pas de descendants, le survivant a un tiers en pleine propriété (*ibid.*, p. 544).

II. Dans le canton de *Bâle*-ville, les époux ont une grande latitude pour leurs conventions matrimoniales, et ils peuvent même les changer par des *conventions* dites *testamentaires* ou de dernière volonté. Le survivant a, sans distinction des parents avec lesquels il concourt, l'usufruit de tous les biens de l'autre (Ordonnance de 1837, art. 554-556 ; v. *op. cit.*, t. IV, p. 21).

Bâle-campagne, suit des usages locaux extrêmement variés.

III. Dans le canton de *Saint-Gall*, le conjoint survivant hérite d'une part d'enfant, en face d'héritiers de cette qualité, et d'une moitié, en face de tous autres héritiers. Cette portion est *réservée* (*op. cit.*, p. 261 et 269).

IV. Dans le canton de *Lucerne*, les héritiers légaux sont divisés en cinq classes; l'époux survivant concourt avec toutes les classes, sans en exclure aucune; en face de la première classe (enfants), il a le quart de tous les biens, en usufruit; en face de la seconde classe, il a le quart en propriété; le tiers, en face des autres classes; à défaut d'héritiers légaux, il n'a jamais que la moitié; l'autre moitié appartient à l'Etat. L'époux survivant a toujours une *réserve* d'un quart en usufruit (*op. cit.*, p. 229 et 230).

V. Le code civil de *Soleure* admet la communauté entre époux, en l'absence de convention. Après la reprise des apports respectifs, le mari prend les deux tiers des bénéfices et la femme le tiers (*op. cit.*, p. 521). L'époux survivant a, en outre, l'usufruit de toute la succession du prédécédé, à charge de donner aux enfants, à leur majorité, le quart de l'usufruit de leur portion héréditaire (*ibid.*, p. 532).

SECTION VIII.

TURQUIE D'EUROPE.

Il ne nous a été possible de consulter sur la Turquie que peu d'ouvrages : en outre de la *Concordance* d'Anthoine de Saint-Joseph (t. IV), nous n'avons pu parcourir que le *Droit musulman*, d'après les sources, de M. de Tornauw (trad. d'Eschbach), deux articles de M. Sagot-Lesage, dans la *Revue historique* (t. IV), et le premier volume (seul paru) de M. Querry, sur le droit musulman de la secte schyite qui domine en Perse plus peut-être qu'en Europe.

Il ne faudrait pas exagérer l'abaissement où la polygamie qui caractérise le mariage musulman a pu placer la femme légitime, dans les pays soumis au Koran. La législation musulmane, tant civile que religieuse, est, au contraire, pleine de précautions en leur faveur, pour leur personne et pour leurs biens. Leur indépendance est suffisante quand elles ont à se plaindre de leur mari. Elles peuvent même demander contre lui le divorce ou la séparation, pour des causes assez nombreuses, ce qui n'est pas conciliable avec l'asservissement où, trop facilement, nous les supposons réduites.

Il va sans dire qu'il n'existe aucune communauté de biens entre époux musulmans. Chacun garde sa fortune propre et des précautions sont prises pour la conservation de celle de la femme.

Le mari fait à sa femme, au jour du mariage, un don matutinal dont la propriété lui est acquise par la cohabitation, et même sans cette condition, si ce n'est pas par la faute de la femme que cette cohabitation n'a pas lieu (Tornauw, p. 98-100). Ce don nuptial est une sorte de douaire (*el Mohoûr*), et il en porte même le nom dans la traduction de M. Querry (IIe part., liv. 19, p. 716 et suiv.). Il est conventionnel ou coutumier et il varie avec la fortune du mari. Il est renouvelé en cas de répudiation de la femme, ou de mort du mari (de Saint-Joseph, IV, p. 424).

Si le mari, après avoir répudié sa femme, désire la reprendre, il lui doit un nouveau don nuptial.

Le droit de succession est très-compliqué chez les musulmans, à cause des priviléges des mâles et des droits du patron sur la succession des affranchis. Il y a, à cet égard, dix classes d'héritiers au moins, comprenant chacune un grand nombre de personnes; mais pour ce qui concerne les époux, la difficulté est bien simplifiée, car ils se trouvent dans la première classe qui comprend tout à la fois les fils, le père et la mère, et le conjoint; ces parents, s'ils se rencontrent tous au décès, sont seuls admis au premier rang; mais s'il n'y a point de fils, les filles sont admises; à défaut de filles, les frères; à défaut de frères, les sœurs, et ainsi de suite; de sorte que certains parents sont admis dans une classe, ou rejetés dans la suivante, selon la présence ou l'absence des uns ou des autres (A. de Saint-Joseph, IV, p. 435).

Pour nous limiter au conjoint, nous remarquerons que le mari prend un quart, tandis que l'épouse ne prend qu'un huitième; s'il y a plusieurs épouses légitimes, elles partagent ce huitième par tête, et sans différence d'après l'antériorité de l'union.

S'il n'y a pas de postérité, fils ou filles, le droit du conjoint est doublé: le mari prend une moitié, la femme un quart.

La portion ainsi accordée au conjoint est *réservée* et ne peut être diminuée par acte de dernière volonté.

Les époux peuvent se faire des donations entre-vifs ou des libéralités testamentaires, sans autre restriction que celle résultant du droit des parents réservataires eux-mêmes.

Mais il faut remarquer qu'en général, un testateur ne peut disposer que du tiers de ses biens; il ne peut en donner l'universalité qu'à défaut d'aucun parent légitime (de Saint-Joseph, p. 436-437, et Tornauw, p. 253-267).

SECTION IX.

ÉTATS-UNIS D'AMÉRIQUE.

Le droit privé de l'ancienne métropole anglaise peut être considéré comme formant encore la base de la législation civile des Etats-Unis de l'Amérique du Nord. Cependant chacun des Etats qui composent la grande fédération républicaine du Nouveau-Monde a aussi ses dispositions législatives particulières.

Pour la succession *ab intestat*, à *New-York* et dans la plupart des Etats, la veuve, à défaut d'enfants, concourt avec la mère, quand elles sont seules ; il en serait autrement, s'il y avait le père ou des frères et sœurs. En *Géorgie* et à *Vermont*, la veuve concourt même avec le père du défunt (1).

En *Indiana*, à défaut de père et mère, la veuve a les deux tiers des biens, et, chose plus singulière, si la femme est prédécédée, ses enfants d'un premier lit, qui ne sont que des alliés du défunt, prennent la moitié des biens (2).

Dans ces divers Etats, s'il y a des enfants, la veuve n'a qu'un douaire en usufruit, comme en Angleterre.

Dans le *Maryland* et l'*Ohio*, la veuve prend un tiers en usufruit en face d'enfants ; elle a un tiers ou une moitié en propriété, suivant la qualité des autres successibles.

La *Pensylvanie*, la *Caroline*, l'*Alabama*, le *Missouri*,

(1) V. *Concordance*, t. II, p. 194, nos 82-84 et 95.

(2) *Ibid.*, p. 195, n° 106.

le *New-Hampshire*, ont des dispositions analogues qu'il est inutile de détailler (1).

SECTION X.

LOUISIANE.

Bien que la Louisiane fasse partie des Etats-Unis d'Amérique, depuis le commencent de ce siècle, cependant nous lui donnons une place spéciale, et parce qu'elle a pendant assez longtemps appartenu à la France, qui l'a volontairement cédée aux Etats-Unis, et parce qu'elle a adopté, depuis 1824, un Code civil qui diffère assez peu du nôtre.

La communauté d'acquêts existe de plein droit entre époux, sans stipulation particulière (art. 2312).

Le conjoint survivant, s'il est pauvre, a droit au quart de la succession, en propriété, s'il n'y a pas d'enfants ; mais s'il y a des descendants, il n'a qu'une part d'enfant en usufruit, au maximum d'un quart (art. 2359).

La femme prime les enfants naturels du mari, mais le mari ne prime pas ceux de la femme (art. 918).

L'article 1739 reproduit notre article 1094, et l'article 1745 notre article 1098, avec cette différence qu'en cas d'enfants d'un premier lit, le nouvel époux ne peut recevoir qu'un cinquième en usufruit.

SECTION XI.

CANADA.

Le Canada a été assez longtemps possédé par la

(1) *Concordance*, t. II, p. 196, nos 120-125; v. aussi p. 198, nos 151-156.

France pour que nos mœurs et notre droit coutumier y aient laissé des traces profondes. La coutume de Paris, notamment, y était appliquée longtemps encore après que cette belle contrée ne nous appartenait plus. Dans ces dernières années, en 1865, un code civil nouveau y a été promulgué. La législation anglaise y a obtenu une bien moindre place que notre Code civil, qui s'y retrouve presque mot pour mot dans une foule de disposition.

Heureusement, ce n'est pas dans ce qu'il a de regrettable en notre matière qu'il a été imité. Si le droit de succession lui-même n'y est pas plus favorable que dans notre Code, au moins la femme survivante a un douaire, soit légal, soit préfixe, comme dans l'ancienne coutume de Paris. Il consiste dans l'usufruit de la moitié des biens immeubles que possède le mari lors du mariage et des biens immeubles qui lui échoient de ses asscendants pendant le mariage. Ce douaire est *réservé* aux enfants, dispositions d'autant plus remarquables que le nouveau code, sous l'influence de la loi anglaise, n'admet pas d'autre réserve pour les enfants. La loi canadienne est très-complète et très-détaillée sur le douaire (art. 1426 à 1471).

En dehors du douaire propre à la femme, il n'y a plus que des gains de survie conventionnels par contrat de mariage, notamment pour le mari. Mais pendant le mariage, les époux ne peuvent se faire de donation entre-vifs (art. 770), pas même un don mutuel en usufruit (art. 1265) : ils peuvent seulement se donner par testament (art. 831).

La communauté est très-usitée au Canada, où elle est de droit commun, à défaut de contrat (art. 1270).

SECTION XII.

AMÉRIQUE DU SUD.

L'Espagne et le Portugal, ayant longtemps possédé ces riches et magnifiques pays, y ont porté la dévastation bien plus que la civilisation.

Nous avons déjà eu occasion de dire que la législation espagnole est la base de celle du Bas-Pérou, et celle du Portugal, celle du Brésil ; nous renvoyons à ce que nous avons dit de ces deux législations, et nous ne donnons pas ici l'analyse des travaux d'Anthoine de Saint-Joseph (1), à cause du peu de crédit dont ils jouissent sur ce point.

SECTION XIII.

BOLIVIE.

La République du Haut-Pérou, ou Bolivie, s'est affranchie plus que le Bas-Pérou de l'influence des institutions civiles espagnoles. Elle s'est donnée, en 1843, un code civil dont les dispositions sur notre matière ne manquent pas d'intérêt.

Il y a, de plein droit, communauté d'acquêts entre les époux (art. 1432). Leurs droits, lors du partage, sont égaux (art. 1433 et 1494).

Le conjoint pauvre a une portion de la succession, en concours avec tout parent légitime. S'il concourt avec des enfants légitimes, il a les mêmes droits qu'un enfant naturel, c'est-à-dire le tiers d'une part d'en-

(1) T. II, p. 1 et suiv. ; t. III, p. 131 et s.

fant; en face des autres parents, il a, suivant leur ordre et leur degré, un quart, un tiers ou une moitié en propriété (art. 766 et 767).

Mais si l'époux survivant a été en communauté d'acquêts ou a reçu un don ou un legs du prédécédé, il doit opter entre ces avantages et le droit de succession *ab intestat* (art. 769).

RÉSUMÉ ET PARALLÈLE.

Nous avons dit qu'il nous paraissait utile, après la distribution des nations par races, de les grouper encore, d'après les analogies de leurs dispositions sur notre sujet.

On a pu voir déjà que le plus grand nombre, sinon la totalité, est plus favorable au conjoint que ne l'est notre Code civil. Il n'y a guère que la Belgique et le canton de Genève qui lui soient semblables. C'est pourquoi nous les avons négligés. La Belgique a pourtant modifié le Code civil français sur quelques points, notamment sur le régime hypothécaire; il est regrettable qu'elle ne l'ait pas fait aussi sur les droits de l'époux, quant aux biens ordinaires.

On remarquera d'abord que les pays qui admettent la communauté, soit d'acquêts seulement, soit universelle, soit mixte, considérant, sans doute, que le survivant a déjà un droit plus ou moins considérable par l'effet du partage, ne l'appellent pas à une quotité ou à un rang aussi favorable dans la succession *ab intestat*.

Le Portugal et la Hollande, avec la communauté universelle, se trouvent, à cet égard, les moins libéraux envers les époux.

La Suède, avec la communauté et des gains de survie légaux ou conventionnels, assez variés, ne peut prendre place dans notre second classement.

Voici, en négligeant encore quelques nuances qu'on a vues suffisamment dans ce chapitre, les six groupes auxquels on peut rattacher tous les pays dont nous avons donné la législation matrimoniale :

1er *groupe.* — Application plus ou moins exacte du droit romain, c'est-à-dire du régime dotal, de la donation à cause de noces (ou de l'augment de dot) et de la Novelle CXVIII : La Grèce, l'Ecosse, le Hanovre, la Bavière, les cantons de Fribourg et des Grisons.

2e *groupe.* — Système, romain encore, de la quarte du conjoint pauvre : Ancien royaume des Deux-Siciles, anciens duchés de Modène et de Toscane, Roumanie, îles Ioniennes, Allemagne (droit commun), Louisiane, Bolivie.

3e *groupe.* — Usufruit seulement, mais universel, à charge d'entretenir les enfants : Serbie, cantons du Valais, de Bâle-ville, de Soleure.

4e *groupe.* — Usufruit d'une part, en présence d'enfants, et part de propriété croissant en raison de l'éloignement des parents : Ancien royaume de Sardaigne, anciens duchés de Parme et Plaisance, nouveau royaume d'Italie, Espagne et Amérique du Sud, Prusse, Wurtemberg, Francfort, Autriche, Pologne, Norwége, Angleterre, cantons de Vaud, de Neufchâtel, du Tessin, de Lucerne.

5e *groupe.* — Propriété en face des héritiers de tous degrés : Royaume de Saxe et duché de Saxe-Weimar, duché de Brunswick, Hamboug, Russie, Danemark, canton de Berne, Turquie, Etats-Unis d'Amérique (moins la Louisiane).

6e *groupe.* — Portion *réservée*, en propriété ou en usufruit, suivant les cas : Royaume d'Italie, Allemagne (droit commun), Prusse, Wurtemberg, Saxe et Saxe-Weimar, Francfort, Russie, Danemark, Berne, Valais, Appenzell, Turquie.

CHAPITRE II.

DES DROITS DU CONJOINT SURVIVANT SUR LES ŒUVRES LITTÉRAIRES ET ARTISTIQUES.

Ici, nous ne rencontrons pas une grande variété dans les législations étrangères, et, il faut le dire, à leur louange et au désavantage de la nôtre, cette matière a été réglée par elles avec infiniment plus de logique que chez nous.

Tandis que le droit du veuf ou de la veuve, sur les œuvres d'art et de littérature, est réglé par notre loi de 1866, d'une façon équitable assurément, mais sans aucune harmonie avec le droit commun matrimonial, dans les autres pays des deux mondes, les droits de l'époux survivant, sur les œuvres littéraires et artistiques du défunt, sont soumis aux mêmes conditions et distinctions que ceux qui lui appartiennent sur le reste de la succession ; il ne peut donc à cet égard se présenter aucune des difficultés qui naissent souvent chez nous, et se présenteront longtemps encore, au sujet de la combinaison des droits d'auteurs avec les autres droits héréditaires ou matrimoniaux.

Les différences légales que nous avons à signaler ne concernent que la durée du droit du conjoint, laquelle est d'ailleurs la même que pour les autres successeurs.

Le droit du survivant est :

De cinquante ans, comme chez nous, à partir du décès de l'auteur : en Espagne (loi du 10 juin 1847) et en Russie (ukases des 26 janvier 1846 et 7 mai 1857) ;

De quarante ans : en Italie (loi du 25 juin 1865) ;

De trente ans : en Autriche (loi du 19 octobre 1846), en Prusse (loi du 11 juin 1837 et ord. du 3 juillet 1844), en Bavière (lois du 27 avril 1840 et du 28 juin 1865), en Saxe (lois du 22 février 1844 et du 27 juillet 1846), en Portugal (loi du 8 juillet 1851), en Hollande et en Russie ;

De vingt ans : en Belgique (lois du 23 septembre 1814 et du 25 janvier 1817), en Danemark (lois du 29 décembre 1857, du 31 mars 1864, du 23 février 1866), en Suède (loi du 16 juillet 1812) ;

De quinze ans, en Grèce ; de douze ans, à Rome ; de sept ans, en Angleterre, quand il s'est écoulé quarante-deux ans depuis la première publication ; sinon, la veuve achève la période de quarante-deux ans (actes des 1er juillet 1842 et 29 juillet 1862). En Turquie, le droit de l'auteur s'éteint avec lui.

On voit qu'aucun pays n'admet la propriété perpétuelle en matière d'œuvres de l'esprit.

Il y a du reste, des complications de détail dans plusieurs pays, en Italie, en Suisse, en Suède, aux Etats-Unis ; elles ne présenteraient d'intérêt que dans un ouvrage spécial sur la propriété littéraire (1).

(1) On peut voir, à cet égard, l'excellent ouvrage de M. Fliniaux, avocat de Belgique : *Législation et jurisprudence concernant la propriété littéraire et artistique* (Paris, Bruxelles et Gand, 1867, in-8°). C'est là que nous avons trouvé la date des lois précitées.

TABLE DES MATIÈRES.

CHAPITRE PREMIER.

CHAPITRE II.

TOULOUSE, IMP. A. CHAUVIN ET FILS.

www.ingramcontent.com/pod-product-compliance
Ingram Content Group UK Ltd.
Pitfield, Milton Keynes, MK11 3LW, UK
UKHW032007260826
14628UKWH00005B/2332

9 782014 104769